DISCOURS

PRONONCÉ PAR

Mgr L'ÉVÊQUE D'ANGERS

EN L'ÉGLISE SAINTE-GENEVIÈVE DE PARIS

AU TRIDUUM CÉLÉBRÉ A L'OCCASION DE L'INTRODUCTION

DE

LA CAUSE DE BÉATIFICATION DU P. LIBERMANN

LE 16 JUILLET 1876.

Qui potens est, exaltavit humiles.
Le Tout-Puissant a exalté les humbles.

SAINT LUC, I, 52

ANGERS

E. BARASSÉ, LIBRAIRE-ÉDITEUR, RUE SAINT-LAUD, 83

Imprimeur de Monseigneur l'Évêque et du Clergé.

1876

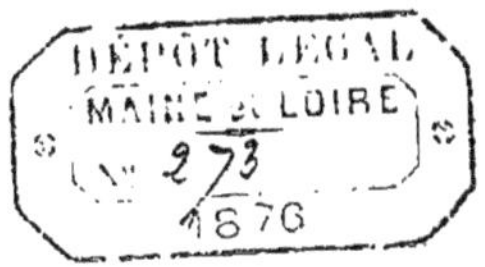

DISCOURS

PRONONCÉ PAR

Mgr L'ÉVÊQUE D'ANGERS

EN L'ÉGLISE SAINTE-GENEVIÈVE DE PARIS

AU TRIDUUM CÉLÉBRÉ A L'OCCASION DE L'INTRODUCTION

DE

LA CAUSE DE BÉATIFICATION DU P. LIBERMANN

LE 16 JUILLET 1876.

Qui potens est, exaltavit humiles.
Le Tout-Puissant a exalté les humbles.

SAINT LUC, I, 52

ANGERS

E. BARASSÉ, LIBRAIRE-ÉDITEUR, RUE SAINT-LAUD, 83

imprimeur de Monseigneur l'Évêque et du Clergé.

1876

DISCOURS

PRONONCÉ PAR

Mgr L'ÉVÊQUE D'ANGERS

EN L'ÉGLISE SAINTE-GENEVIÈVE DE PARIS
AU TRIDUUM CÉLÉBRÉ A L'OCCASION DE L'INTRODUCTION
DE LA CAUSE DE BÉATIFICATION DU P. LIBERMANN, LE 16 JUILLET 1876.

Qui potens est, exaltavit humiles.
Le Tout-Puissant a exalté les humbles.

SAINT LUC, I, 52.

ÉMINENCE,

MESSEIGNEURS (1),

Il y a un quart de siècle, en la fête de la Purification de la sainte Vierge, à l'instant même où l'on chantait dans une chapelle de ce quartier les paroles que j'ai prises pour texte, un homme rendait son âme à Dieu dans l'une des cellules avoisinantes. Cet homme ne s'était pas illustré dans les travaux de la science, et il n'avait pas marqué son rang parmi les maîtres de la parole. Ni le mérite littéraire, ni l'érudition théologique n'avaient environné son nom du prestige de la gloire. Mais, simple et ignoré de la plupart, il avait traversé son siècle sans que son siècle prît garde à lui, tant il avait peu de ces dehors brillants qui captivent l'attention de la foule. Et cependant, du sein de sa faiblesse et de son obscurité, cet homme avait touché à tant d'âmes, suscité de tels dévouements et accompli de si grandes œuvres, que l'on sentait s'éloigner avec lui l'une des forces de notre temps ; et sans prévoir encore à quel degré d'honneur

---

(1) Son Éminence le cardinal Guibert, archevêque de Paris ; Son Excellence le Nonce Apostolique ; Mgr Richard, coadjuteur de Paris ; NN. SS. les Évêques de Strasbourg, de Beauvais, de Saint-Denis ; Mgr Ravinet, ancien évêque de Troyes ; Mgr Maret, évêque de Sura.

il plairait au Tout-Puissant d'élever cet humble prêtre, il était permis d'espérer que sa mémoire refleurirait sur sa tombe, et qu'une vie si extraordinaire dans sa simplicité même serait couronnée un jour par l'une de ces glorifications suprêmes qui font la joie de l'Eglise et l'édification des peuples.

Chaque siècle a deux histoires, distinctes et quelquefois contraires. L'une, toute à la surface, faite de bruit et d'éclat, se poursuit à travers une mêlée de personnages en vue et d'actions retentissantes. Cette première histoire, extérieure et superficielle, ce sont les hommes qui la font et qui l'écrivent; et, malgré l'intérêt qu'elle excite et la pompe dont elle s'entoure, elle n'a le plus souvent que peu de valeur aux yeux de Dieu. Ce sont les décors de la scène où se joue le drame terrestre; c'est l'écorce sous laquelle s'agite la sève divine qui circule dans l'humanité. « Tous les corps ensemble, disait Pascal dans son grand langage, et tous les esprits ensemble, et toutes leurs productions, ne valent pas le moindre mouvement de charité : cela est d'un ordre infiniment plus élevé (1). » L'autre, toute spirituelle et morale, a pour théâtre le monde des âmes, dans ses rapports avec Dieu et avec l'humanité. Là, rien de ce qui frappe le vulgaire, l'éblouit et le fascine. Tout y est simple et de peu d'apparence. La trame en est faite de vies cachées en Dieu, de vertus qui se dérobent au regard des hommes, d'héroïsmes qui s'ignorent eux-mêmes. Cette seconde histoire, qui est la vraie, les hommes ne la possèdent que par fragments; Dieu seul l'embrasse dans toute son étendue; ce que l'Eglise en recueille pour composer ses annales de la sainteté n'est en somme que la préface du livre des élus.

C'est, Mes Frères, à cette histoire intime du XIXe siècle qu'ap-

---

(1) Pensées, *Ars.*, XVII, 1.

partient la vie du Père Libermann. Et pourtant que d'œuvres dans cette vie toute renfermée en Dieu ! C'est le propre des saints d'opérer dans le silence, et d'agir sur ceux-là même qui ne les connaissent pas. Dans le mouvement des choses d'ici-bas, ils sont le ressort caché qui donne le branle à tout le reste, le levain fécond qui fait fermenter la masse. Une humble femme conçoit de nos jours le projet de placer l'éducation des jeunes filles sous la protection du Sacré-Cœur, et grâce à une impulsion que peu d'hommes soupçonnaient, mais qui désormais se fait sentir partout, un pays entier se couvre d'établissements où se prépare l'avenir des familles chrétiennes. Du fond de sa cellule, un pauvre prêtre tourne ses regards vers une race délaissée jusqu'alors ; et toute une partie du monde s'ébranle au contact d'un apostolat nouveau. Voilà ce que font les saints, ou plutôt ce que Dieu opère par eux ; car ils sont entre ses mains un instrument docile, et doué par là-même d'une puissance et d'une fécondité surnaturelles.

Là est en effet tout le secret de leur force ; et quand je demande à l'Ecriture-Sainte l'explication des merveilles que je dois dérouler devant vous, elle me répond par ces paroles du Sage : *fortitudo simplicis, via Domini :* « la force de l'homme simple, c'est de suivre la voie du Seigneur (1). » Cette voie que Dieu lui traçait, le P. Libermann l'a suivie avec la simplicité d'un enfant : il l'a suivie à travers les épreuves qui devaient l'initier à sa mission ; il l'a suivie au milieu des œuvres qui allaient en faire l'objet ; et, soit dans la préparation, soit dans l'action, il n'a fait qu'obéir au mouvement de la grâce qui dirigeait sa vie : *forti-*

---

(1) Proverbes, x, 29.

tudo simplicis, via Domini. Telle sera toute la substance de l'éloge que je me propose de consacrer à la mémoire du vénérable serviteur de Dieu François-Marie-Paul Libermann, fondateur de la congrégation du Saint-Cœur de Marie et premier supérieur général de la congrégation du Saint-Esprit et du Saint-Cœur de Marie.

MES RÉVÉRENDS PÈRES,

En m'invitant à célébrer en ce jour les vertus de votre vénéré fondateur, vous avez fait appel à des souvenirs qui me sont restés chers. C'est un grand honneur d'avoir pu toucher la main d'un saint, entendre le son de sa voix, et sentir les battements de son cœur; et ce qui double cet honneur, c'est d'avoir été uni à lui par les liens d'une commune patrie. Vous avez voulu ajouter à ces réminiscences d'un passé déjà lointain, en choisissant pour témoin de vos joies cette église qui, plus que toute autre, parle à mon cœur, et dans laquelle il fait bon célébrer l'humilité triomphante; car du haut de son dôme qui couronne la capitale, elle répète nuit et jour dans son langage muet ce verset du cantique de la Vierge : *qui potens est, exaltavit humiles,* « le Tout-Puissant a exalté les humbles. »

I.

Entre le Rhin et les Vosges s'étend une vallée que Dieu s'est plu à enrichir des dons de la nature. Nulle part ailleurs, le ciel ne s'est montré plus prodigue de ses bienfaits, ni la terre plus féconde dans ses produits. Jetée là, le long de la grande artère de l'Europe civilisée, entre deux nations qu'elle rapproche ou qu'elle divise, la race à qui Dieu destinait ce sol privilégié, devait se ressentir d'une situation pareille. De même que le sang germain et le sang gaulois allaient se mélanger dans ses veines, ainsi unirait-elle à la vivacité de l'intelligence l'énergie persévérante de la volonté. Quand l'Evangile vint saisir ce peuple si fortement trempé, il ne fit qu'ajouter à ses qualités natives en les élevant. Tandis que les Amand, les Materne, les Arbogast illustraient le siége épiscopal par l'éclat de leur sainteté, des légions de vierges se pressaient sur les pas des Odile et des Attale pour embaumer les montagnes et les vallées du parfum de leurs vertus. Pas de région où la foi catholique ait jeté de plus profondes racines, comme si Dieu avait voulu que ce peuple, exposé à toutes les vicissitudes de la patrie terrestre, se rattachât plus étroitement à la grande patrie des âmes, pour y retrouver, à chaque changement de régime, une force et une consolation. Aussi, ce qui domine dans son histoire, par-dessus les rivalités des nations qui en ont fait depuis dix siècles l'enjeu de leurs luttes, c'est la constance d'une foi restée inébranlable devant les bandes de Gustave-Adolphe comme sous les sicaires de la Révolution. Et comme l'esprit militaire s'associe merveilleusement à l'esprit chrétien, pour la défense des deux plus grandes causes qu'il y ait ici-bas, l'un et l'autre devaient se rencontrer dans cette race fidèle en ses promesses, jalouse de ses libertés publiques, et ne se donnant jamais qu'à ceux qui l'aiment et qui savent se faire aimer d'elle. Bref, en résumant les traits qui la distinguent, on ne saurait mieux la définir qu'en l'appelant une race à la fois religieuse et guerrière, une race de missionnaires et de soldats.

**

Mais, me direz-vous, pourquoi rappeler l'Alsace catholique, ses dévouements et ses fidélités, à propos d'un homme qui n'avait pas trouvé la foi à côté de son berceau? Qu'avait de commun cet enfant d'Israël avec un passé dont l'origine contredisait la sienne? N'allait-il pas plutôt se heurter violemment à des convictions qui contrastaient si fort avec ses propres sentiments? La ferveur même de ses compatriotes chrétiens ne devait-elle pas lui créer un obstacle de plus, en surexcitant jusqu'à la haine ses préjugés de naissance? Où trouver dans tout cela une préparation providentielle à sa mission future? Oui, sans doute, le fils du rabbin de Saverne n'avait pas recueilli le glorieux héritage d'un passé étranger à ses pères. Ces abbayes fameuses, ces sanctuaires échelonnés de la crête des Vosges aux bords du Rhin, et qui rappellent, à chaque pas, aux enfants de l'Alsace la piété de leurs ancêtres, ne disaient rien à son cœur, ou plutôt, ces monuments séculaires d'une foi victorieuse ne faisaient qu'irriter son orgueil de vaincu. Le nom chrétien n'avait pas d'adversaire plus farouche que ce jeune talmudiste nourri dès le berceau des colères de sa race. Et cependant, ce n'est pas sans un dessein de miséricorde que la Providence l'avait fait naître sur cette terre si éminemment chrétienne : hommes et événements, tout s'y préparait pour amener sa conversion.

Dieu, qui veut le salut de tous les hommes, a des moments de grâces particulières pour les peuples comme pour les individus. Au commencement de ce siècle, il semblait que l'une de ces heures solennelles eût sonné pour les débris de la nation juive ; et l'Alsace catholique allait devenir le théâtre d'un mouvement tel qu'il ne s'en est peut-être pas produit dans l'histoire depuis les premiers temps de l'Eglise. On eût dit qu'au contact de ces populations, devenues par leurs vertus une preuve vivante de la divinité du christianisme, Israël sentait le vide de ses pratiques frappées d'impuissance et de stérilité. Des hommes de cœur et d'intelligence surgirent dans son sein, et, à la vue de ce vain simulacre de religion, de ce cérémonial sans âme et sans vie, de cet amas de fables et de superstitions sous lesquelles le Talmud avait étouffé la révélation du Sinaï, ils se tournèrent vers la croix, pour adorer celui que leurs pères avaient blasphémé. Ce fut parmi leurs frères le signal d'un ébranlement profond. Pour hâter le retour de ces âmes, affamées de lumière et de vérité, la Providence suscita dans les rangs du sacerdoce catholique deux hommes éminents, bien qu'à des titres divers : l'un, dont je ne saurais rappeler la mémoire dans cette chaire sans y mêler l'accent de ma reconnaissance, devant cette belle institution des chapelains de Sainte-Geneviève à laquelle il lui a été donné d'attacher son nom ; l'autre, dont la douce et vénérable figure me reporte aux souvenirs de mon éducation sacerdotale : le premier, esprit d'élite, orateur brillant, écrivain fécond, prêtre fait pour le premier rang, bien que les circonstances l'aient maintenu au second, converti du rationalisme, et depuis lors dévoué au triomphe de la foi, jusqu'à douter malheureusement de la raison elle-même ; le second, théologien de marque, à l'esprit méthodique et sûr, sachant allier l'élégance de la forme à la richesse du fond, aussi ferme sur la doctrine qu'intrépide devant les pouvoirs de la terre, et qui, parmi tant d'autres mérites, a eu celui de former pour le siége épiscopal de Strasbourg un disciple plus grand que son maître. C'est l'honneur de l'Alsace d'avoir été, il y a cinquante ans, le berceau de deux écoles où la théologie et la philosophie, l'éloquence et l'érudition ont brillé d'un tel éclat ; et il n'est que juste de saluer dans ce mouvement d'idées, l'un des plus considérables de notre temps, les gloires rivales de Liebermann et de Bautain (1).

Il n'entre pas dans mon sujet, Mes Frères, de m'étendre sur l'apostolat de ces deux hommes au milieu de la postérité endurcie d'Israël. C'étaient chaque jour de nouvelles conquêtes et des plus éclatantes. En voulant les énumérer, je citerais des noms qui ont retenti dans cette capitale, je rappellerais des œuvres qui se sont prolongées jusqu'à Rome et à Jérusalem. C'est à Metz, plongé dans l'étude stérile et rebutante du Talmud, que le fils du rabbin de Saverne reçut le contre-coup des controverses qui remuaient si profondément ses frères d'Alsace. Vingt-cinq ans après, il racontait encore, avec une émotion qui n'avait rien perdu de sa vivacité, ces luttes intérieures d'une âme se retranchant tout d'abord dans l'obstination d'un fanatisme exalté, puis retombant sur elle-même à bout de forces, passant tour à tour de la croyance au doute, de l'indifférence à une incrédulité complète, cherchant en vain à retirer de ces ruines quelques débris de ses convictions détruites, et amenée malgré elle à trouver la lumière là même où elle cherchait l'objection, jusque dans la lecture des ennemis du christianisme. Merveilleux travail de la grâce, qui sait transformer les obstacles en moyens, et se servir de l'erreur même pour préparer le triomphe de la vérité ! Il entrait dans les vues de la divine Providence que l'homme appelé à conduire tant d'âmes traversât tout au long cette série d'épreuves, pour devenir d'autant plus capable de soulager les

(1) Une sorte d'homonymie a souvent porté à confondre le savant théologien de Strasbourg avec le pieux fondateur de la congrégation du Saint-Cœur de Marie : il n'existait entre eux aucun lien de parenté.

cœurs, qu'il en aurait mieux, le premier, connu les défaillances et senti les tristesses.

Car, vous le comprenez sans peine, à une âme aussi expansive, il ne suffisait pas d'avoir conquis la vérité pour elle seule ; communiquer le don de Dieu à d'autres, c'était pour le jeune néophyte un besoin du cœur en même temps qu'il y voyait un devoir de reconnaissance. Ce sacerdoce catholique qui avait fait la terreur de son enfance, lui apparaissait désormais comme l'idéal de sa vie ; et rien ne put égaler sa joie, quand il vit s'ouvrir devant lui les portes du séminaire de Saint-Sulpice. C'est l'une des grandes miséricordes de Dieu sur l'Eglise de France d'avoir suscité au milieu d'elle ces pieux éducateurs de la jeunesse sacerdotale. Jamais l'idée du prêtre, homme de devoir et de sacrifice, n'a été mieux comprise que par l'illustre compagnie héritière du nom et de l'esprit du vénérable M. Olier. Née du grand siècle, elle en a conservé la forte simplicité, et cet amour de la règle qui soutient les hommes et fait durer les institutions. Nourrie des doctrines d'un mystique profond, elle sait néanmoins se préserver de tout excès dans la direction des âmes, cherchant avant tout la perfection dans la fidélité au devoir, et ne demandant à la nature humaine que ce qu'elle peut donner. C'est à cette direction sage et ferme que nous devons en grande partie un clergé respectable entre tous, appliqué à son ministère, pouvant traverser toutes les révolutions sans se laisser entamer par aucune, aussi peu accessible aux menaces d'en haut qu'aux excitations d'en bas, et n'ayant d'autre ambition que de servir Dieu et les âmes dans le cours d'une vie restée pure et sans reproche.

En parlant de la sorte, je ne fais qu'exprimer l'admiration constante du P. Libermann pour ses anciens maîtres. Mais quoi,

Mes Frères ! voyez-vous ce jeune clerc, frappé presqu'au seuil du noviciat lévitique, atteint subitement de cette maladie terrible et mystérieuse, pour laquelle l'Evangile a réservé l'une de ses plus fortes peintures (1), condamné à se voir fermer devant lui les portes du sanctuaire, sans ressources ni consolations du côté de sa famille, et réduit, pour vivre, à se contenter d'un modeste emploi que la charité compatissante de ses maîtres lui confie au séminaire d'Issy? Quelle détresse profonde! quelles humiliations! Ne semble-t-il pas que tout projet d'avenir soit venu échouer contre un obstacle insurmontable? Que parlez-vous désormais d'apostolat, de mission providentielle? Ah! c'est précisément dans cette privation de toute force humaine, que le doigt de Dieu va se montrer visible à chacun. L'apôtre l'avait dit : *Cum infirmor, tum potens sum*, « quand je suis faible, alors je me sens fort (2). » Parce que cet homme est appelé à se dévouer aux âmes les plus pauvres, les plus infirmes, les plus négligées, il faudra qu'il connaisse par lui-même l'abandon et le délaissement; il devra être relégué dans l'obscurité, broyé par la souffrance, jeté dans le creuset des tribulations, réduit à néant; et quand toute pensée, toute affection purement humaine aura disparu en lui, c'est alors seulement qu'il deviendra entre les mains de Dieu un instrument propre à servir ses desseins.

Ainsi se préparent les vocations extraordinaires dans l'ordre surnaturel. Ne croyez pas toutefois que les épreuves auxquelles Dieu soumet ses serviteurs, avant de les produire au grand jour, paralysent ou étouffent leur action. A quelque degré d'hu-

(1) S. Matthieu, XVII, 14, 15.
(2) II Ep. aux Cor., XII, 10.

miliation qu'ils se trouvent abaissés, ils exercent autour d'eux une influence dont on ne saurait se défendre. C'est une vertu secrète qui s'échappe d'eux, pour rayonner dans tous les sens ; une attraction que l'on subit, sans le plus souvent s'en rendre compte, tant il y a peu de l'homme dans ce qui est l'œuvre de Dieu. Ce clerc disgracié, que ses infirmités tiennent éloigné des saints ordres, ce porte-faix volontaire, qui se met au service de tous, trop heureux de se rendre utile dans les plus infimes emplois, le voilà devenu l'âme d'une maison où se recrute l'élite du clergé de France. On se groupe autour de lui ; on l'écoute converser sur Dieu, sur la très-sainte Vierge, sur Jésus eucharistique, avec un charme inexprimable. Il n'a pas la science du théologien ; il n'entend rien à l'éloquence humaine ; il est inférieur en savoir à la plupart de ces jeunes hommes qui l'entourent. N'importe ! il y a dans sa voix un accent qui remue ; il y a dans son cœur des émotions qui entraînent. « Avez-vous entendu ce petit juif parler du bon Dieu ? » C'est le cri d'admiration qui circule de rang en rang. Bientôt les récréations se changent en entretiens de piété, où les cœurs se dilatent dans l'épanchement d'une charité mutuelle ; les promenades deviennent des pèlerinages à l'oratoire ou au sanctuaire préféré. Il se produit dans toute cette jeunesse sacerdotale un mouvement de ferveur qui gagne jusqu'aux plus tièdes. Action féconde, dont la trace ne s'est plus effacée au séminaire de Paris ; et nous, dans nos maisons de province, je m'en souviens, nous ressentions encore, longtemps après, l'influence salutaire de cet apostolat intime dont l'initiative remontait à l'humble catéchiste d'Issy.

Ne vous étonnez pas dès lors que, simple acolyte, nous le trouvions, peu de temps après, à la tête d'un noviciat composé en grande partie de prêtres. C'était un nouvel apprentissage qu'il lui fallait commencer avant de se trouver prêt pour l'œuvre à laquelle Dieu le destinait. Après avoir étudié, à l'école de M. Olier, les règles de la vie intérieure, il devait, avec le Père Eudes, chercher dans le Sacré-Cœur de Jésus la flamme de l'apostolat. En passant des vues profondes de l'un aux élans passionnés de l'autre, il allait parcourir tous les degrés de la spiritualité. Aussi bien le jeune directeur des novices de Rennes était-il fait pour comprendre et pour appliquer les doctrines de ces deux grands maîtres. Il avait, à un haut point, cette aptitude à discerner une vocation dans les mouvements d'un esprit indécis ou troublé; ce regard limpide qui sait lire au fond des âmes, apprécier leur état et surprendre leurs besoins; cette sage discrétion et cette réserve prudente, par où l'on évite de s'imposer aux consciences, pour laisser à l'action divine toute sa liberté; cette condescendance envers les faibles, qui consiste à ne rien brusquer dans leur avancement spirituel, mais à les élever doucement et par degrés, sans trop d'efforts ni de contention; cette fermeté enfin, qui sait à propos tailler dans le vif, porter de rudes coups à la nature rebelle, et la jeter dans les bras de Dieu transformée et soumise. Et tout cela, chez lui, était moins un don naturel qu'un fruit de la grâce, dont les lumières pénétraient de toutes parts son intelligence, pour lui communiquer une science supérieure à toute science humaine, la science des saints.

Que vous semble, Mes Frères? N'était-ce pas une merveilleuse préparation que cette diversité de voies par où Dieu se plaisait à conduire son serviteur, comme pour l'initier davantage à la direction des âmes? Oui, sans doute, à ne s'en tenir qu'aux apparences, c'étaient là autant d'essais, de tâtonnements; on se dirait devant une vie dont la grande ligne a de la peine à se dessiner; en réalité, il y avait dans cette marche qui semblait incertaine, un acheminement continu vers l'œuvre qui devait en marquer le terme. Déjà elle était apparue au pieux lévite, comme un trait de lumière, dans les récits enflammés de jeunes amis témoins d'une misère incomparable; elle allait désormais s'imprimer à son âme avide de sacrifice, avec le signe irrécusable de la volonté divine. Mais que d'obstacles à l'exécution d'un tel plan! Que d'incertitudes sur le choix des moyens! Où trouver la lumière complète? Où la trouver, Mes Frères? Là où Jésus-Christ a établi le foyer de la vérité, le siége central du gouvernement des âmes; là où les Dominique, les François d'Assise, les Ignace de Loyola étaient allés chercher la confirmation de leurs œuvres; là où toute fondation puissante a besoin de trouver sa règle et sa sanction. Mais, là encore, que d'épreuves réservées au pèlerin de la ville sainte? Quelle confiance pourra mériter cet inconnu qui se présente seul, sans appui, sans titres, n'ayant d'autre rang dans l'Eglise que celui d'un simple acolyte? Ne va-t-il pas s'exposer à voir traiter son entreprise de chimère par les uns, d'orgueilleuse folie par les autres? Comment soupçonner le fondateur d'une œuvre tant soit peu durable dans ce nouveau Benoît Labre, n'ayant pour abri qu'un méchant grenier, et réduit, lui aussi, à mendier son pain à la porte des couvents? Faut-il s'étonner que son unique compagnon de voyage l'abandonne au milieu d'une telle détresse? Et ne touchons-nous pas au moment où tant de projets vont s'évanouir dans une immense déception? Rassurez-vous, Mes Très-Chers Frères: quand tout semble perdu du côté des hommes, c'est alors que Dieu paraît. Devant l'extrémité où il se voit réduit, l'humble acolyte jette à travers les inquiétudes et les découragements des siens, ces mots sublimes de foi et d'espérance

« Qu'est-ce que tout cela ? Ce n'est pas ainsi que se font les œuvres de Dieu. Dieu ne veut pas qu'on puisse les attribuer à la puissance des hommes. Il veut qu'on n'y reconnaisse que la sienne. Il faut aller, aller toujours, rester au pied du mur, attendre qu'il tombe, et passer alors par-dessus (1). »

Le mur était tombé. Avec cette sage lenteur qu'elle a coutume d'apporter dans ses jugements sur les hommes et leurs œuvres, Rome avait tout pesé, tout apprécié ; et la parole de Celui qui envoie des ouvriers dans sa vigne à telle heure de la journée qu'il lui plaît, s'était fait entendre par la bouche de son Vicaire. La préparation était complète ; l'heure de l'action allait sonner ; et de même que le Père Libermann avait marché en toute simplicité dans la voie du Seigneur à travers les épreuves qui devaient l'initier à sa mission, ainsi allait-il suivre la voie du Seigneur dans l'accomplissement même de cette mission : *fortitudo simplicis, via Domini.* C'est ce qu'il me reste à vous montrer dans une seconde partie.

II.

Il entrait dans le plan de la Providence que l'Evangile fût prêché successivement à toutes les nations du monde. Vous commencerez par Jérusalem, avait dit le Sauveur à ses apôtres, et après avoir été mes témoins dans la Judée et dans la Samarie,

---

(1) Lettre de Rome, février 1840.

vous porterez ce témoignage jusqu'aux extrémités de la terre (1). Ainsi Dieu avait-il agi dans les siècles précédents, pour préparer l'éducation religieuse du genre humain, allant d'un homme à une famille, d'une famille à un peuple, et de ce peuple à l'humanité entière. Dans le Nouveau comme dans l'Ancien Testament, le soleil de vérité devait surgir du milieu des ténèbres, monter peu à peu sur l'horizon et éclairer de ses lumières une région après l'autre. Or, des trois parties qui composaient l'ancien monde, l'une restait plongée dans une obscurité à peu près complète; ou, du moins, elle n'avait pris qu'une faible part à ces grands mouvements de l'histoire dont l'Orient, la Grèce et l'Italie avaient été tour à tour le théâtre. Deux ou trois fois, cependant, cette terre ingrate avait paru toucher à de grandes destinées ; et à tel moment donné l'on pouvait se demander si le siége de la domination ne se déplacerait pas, et si, au lieu de sortir d'Athènes ou de Rome, la parole du commandement ne partirait pas de Carthage ou d'Alexandrie. Ce n'étaient là, toutefois, que des fortunes passagères ; et encore est-ce la postérité de Sem ou celle de Japhet qui, en plantant ses tentes sur les côtes africaines de la Méditerranée, y avait éveillé de telles espérances. Mais par-delà les sources du Nil et les sommets de l'Atlas, quel spectacle ! Une race, marquée du signe de la déchéance, accroupie dans le fétichisme le plus grossier, et qui semble exclue de tout commerce avec le reste du genre humain. Elle est là, au milieu du monde, comme pour témoigner de la majesté du pouvoir paternel, outragée par son premier chef. Quarante siècles ont passé sur elle, et l'anathème des anciens jours retentit encore comme au lendemain du

(1) S. Luc, XXIV, 47 ; Actes des Apôtres, I, 8.

déluge : *Maledictus Chanaan, servus servorum erit fratribus suis :* « Maudit soit Chanaan, il sera pour ses frères l'esclave des esclaves (1). » Cet anathème, on dirait qu'elle le porte jusque sur son visage sillonné par la foudre. Cette malédiction du patriarche l'a suivie sous le soleil meurtrier de la zone torride, à travers les sables mouvants des déserts de l'Afrique. Rien n'a pu l'en relever jusqu'ici. L'islamisme est venu la toucher, mais pour mêler à tant de ténèbres et de corruptions les siennes propres. L'Evangile lui-même n'est parvenu à l'entamer que sur peu de points, malgré des apôtres tels que l'héroïque Père Claver. La race de Cham est restée là, dans son abaissement séculaire ; et à chaque effort des missionnaires pour l'en tirer, l'on croit entendre un écho de la prophétie antique : « Le Seigneur a frappé les prémices de leur travail dans les tentes de Cham : *Et percussit primitias laboris eorum in tabernaculis Cham* (2). »

Quoi donc, Mes Frères ! Y a-t-il dans la grande famille humaine une portion déshéritée pour toujours ? A Dieu ne plaise ! La race de Cham aura son tour dans les miséricordes divines. Voici que le Seigneur a suscité l'homme destiné à organiser l'apostolat des noirs ; il lui a dit comme autrefois au prophète : Tourne ton regard vers les fils de l'Ethiopie et de la Libye, *pone faciem tuam contra Æthiopes et Libyes,* prépare-toi et forme-toi, *præpara et instrue te,* et toute la légion rassemblée près de toi, *et omnem multitudinem quæ congregata est ad te,* et sois leur chef, *et esto eis in præceptum* (3). A cet appel d'en haut, le serviteur de Dieu va répondre avec cette simplicité de l'homme qui met sa force à

(1) Genèse, IX, 25.
(2) Ps. LXXVII, 56.
(3) Ezéchiel, XXXVIII, 2, 5, 7.

suivre fidèlement la voie du Seigneur : *fortitudo simplicis, via Domini.* Désormais, comme signe des bénédictions divines, les obstacles tombent devant lui ; ses infirmités l'ont quitté pour toujours ; la grâce du sacerdoce, si longtemps attendue, vient combler ses vœux ; une phalange de jeunes hommes, ardents et dévoués, se rangent sous sa conduite ; et tous ensemble écrivent au front de leur œuvre le nom de Marie. Oui, de Marie, de Celle à qui Jésus-Christ, du haut de la croix, a donné pour enfants tous les hommes sans exception. C'est la Reine des martyrs qui va étendre son sceptre sur l'Afrique infidèle ; c'est la Vierge-Mère qui fera sentir aux plus délaissés de ses fils les effets de son adoption ; et c'est dans son cœur immaculé que les nouveaux apôtres iront chercher le modèle du sacrifice.

Chose admirable, Mes Frères ! A chaque besoin qui se manifeste dans le monde des âmes, l'Eglise sait répondre en tirant de son sein toujours fécond des institutions nouvelles. Dès son origine, elle avait posé les fondements de l'ordre monastique, et, comme je le disais naguère dans une autre enceinte, rien ne pourra jamais remplacer ces grandes et fortes disciplines où l'austérité du cloître et la fonction de la prière publique viennent s'ajouter aux vœux pour élever le sacrifice à la hauteur de l'holocauste complet. Toutefois, à côté de ces ordres si puissamment constitués, et qui ont fait l'admiration des siècles, il y avait place pour une autre forme de la vie religieuse, moins rigoureuse et plus libre, où le soin continu de la perfection individuelle suppléerait aux exigences peu sévères de la règle commune. Problème difficile, et que les Vincent de Paul, les Camille de Lellis, les Jérôme Emilien ont su résoudre avec la sûreté de coup d'œil qui leur était propre. Pour que la congrégation religieuse pût vivre et subsister, à l'exemple de l'ordre monastique, il fallait chercher dans l'immolation intérieure la force que donne ailleurs le dépouillement de tout ce qu'il y a d'extérieur et d'apparent ; appuyer d'autant plus sur le renoncement à soi-même, sur le sacrifice de la volonté propre, que les liens avec le monde semblaient moins rompus ; et demander à l'oraison, au recueillement, aux exercices de la vie privée, ce que l'absence de la louange publique ne permet pas de donner. Le Père Libermann avait admirablement compris les conditions de cette deuxième forme de la vie religieuse, qui, elle aussi, est appelée à tenir sa grande place dans l'économie surnaturelle et divine. De là, le soin qu'il met à placer le principe du renoncement en tête de toute son œuvre ; de là son ardeur à faire abonder et surabonder dans les siens l'esprit de foi ou de prière intérieure ; de là ses efforts constants pour établir en eux un fonds de recueillement habituel, qui puisse les soutenir dans toutes les situations de la vie extérieure ; de là enfin cette sainte énergie avec laquelle il cherche à tuer dans ses disciples tout ce qui est purement terrestre, pour élever l'édifice de la sainteté sacerdotale sur les ruines de la nature déchue et de l'homme charnel.

Et maintenant, Mes Très-Chers Frères, ne vous étonnez pas qu'une congrégation fondée sur de tels principes et animée d'un tel esprit se soit trouvée propre à remplir la mission que Dieu lui destinait. Douze ans ne s'étaient pas écoulés depuis qu'elle prenait naissance aux portes d'Amiens, dans l'humble réduit de la Neuville, et déjà les disciples du Père Libermann se trouvaient répandus sur les côtes les moins accessibles de l'Afrique. Bourbon, l'île Maurice, Haïti ouvrent à leur zèle apostolique un champ qu'ils arrosent de leurs sueurs. Les deux Guinées et la Sénégambie les voient aborder sur leurs plages inhospitalières. Ils tombent pour la plupart victimes de leur dévouement; mais d'autres s'élancent à leur suite, pour les remplacer sur ce champ de bataille où la mort est si prompte à frapper. Bientôt, c'est le tour des Antilles françaises : trois évêchés s'y fondent ; la vie sacerdotale s'y ranime par le soin que mettent les nouveaux missionnaires à la purifier dans sa source. Désormais, le mouvement est imprimé sur tous les points ; de la Nigritie au Zanguebar l'apostolat de la race noire se poursuit avec un succès toujours croissant. La science elle-même suit l'impulsion donnée par la foi, pour explorer des pays fermés jusqu'ici à la civilisation chrétienne. Dieu seul peut savoir où s'arrêteront tant d'efforts réunis. Mais si l'avenir ne trompe pas nos espérances, si l'Afrique infidèle attire de plus en plus les regards du monde chrétien, si le jour de la miséricorde approche pour cette descendance de Cham prise de tous côtés entre les légions de nos missionnaires qui l'enveloppent et la resserrent, l'honneur de cette œuvre, l'une des plus belles de notre siècle, reviendra en grande partie à l'homme de Dieu qui pouvait écrire en toute vérité à une tribu de la Guinée : « Mon cœur est aux Africains (1). »

Servir les âmes les plus abandonnées, s'appliquer aux missions les moins remplies, telle avait été la pensée constante de l'humble fondateur de la congrégation du Saint-Cœur de Marie. Rien n'entrait moins dans ses intentions que de vouloir s'attribuer un rôle quelconque dans les affaires de l'Eglise. Mais Dieu, qui se plaît à exalter les humbles, lui réservait une part d'action d'autant plus grande qu'elle était moins désirée. Il y parut bien,

(1) Lettre à Eliman, roi de Dakar.

quand, par une disposition toute providentielle, un vénérable institut vint s'unir au sien, « comme un arbre séculaire qui, par une greffe habile, reprend ses forces et se couvre à nouveau de fleurs et de fruits (1). » Rajeuni par l'infusion de cette sève puissante, le séminaire du Saint-Esprit allait devenir, au sein de la capitale, un centre de piété et d'orthodoxie. Là, des conférences spirituelles réuniront autour du Père Libermann une élite de prêtres dont les noms ont marqué depuis lors dans l'Eglise de France, et en tête desquels j'aperçois ce pieux prélat qui semble n'avoir été privé de la vue corporelle que pour appliquer davantage aux besoins des âmes le regard de sa haute et ferme intelligence. Là, on verra travailler à l'œuvre commune cet infatigable écrivain qui a eu le mérite de ramener l'histoire dans ses véritables voies, en montrant, par le développement d'un plan merveilleux d'idée, sinon parfait dans l'exécution, que l'Eglise catholique est le principe et le terme du mouvement de tous les âges ; et cet éminent cardinal qui a su faire triompher parmi nous, à l'encontre des duretés jansénistes, les sages doctrines du plus grand moraliste des temps modernes ; et ce docte bénédictin, qui, avant de revêtir la pourpre romaine, avait fait resplendir d'un nouvel éclat les gloires de l'érudition française ; et ce canoniste aussi savant que modeste, dont les nombreux écrits ont redressé tant d'erreurs, et qui était allé porter ses dernières forces au concile du Vatican, trop heureux de pouvoir chanter son *nunc dimittis* devant une définition qu'il avait devancée de ses vœux et préparée par ses travaux ; et, enfin, ce

(1) Vie du P. Libermann, par le cardinal Pitra.

vénérable Père Gauthier, auprès de qui tout Paris venait chercher des livres, et qui ne demandait en retour qu'un souvenir devant Dieu. C'est là, Messieurs, l'un des grands épisodes de l'histoire de notre temps ; et je ne crains pas de dire qu'avec l'abbaye de Solesmes, le séminaire du Saint-Esprit, tel que le Père Libermann l'avait rétabli et transformé, a été en France l'un des principaux foyers de la restauration des doctrines romaines.

Faut-il s'étonner qu'un rameau de cet arbre, désormais si robuste, ait pu être planté jusque dans la ville éternelle, pour y jeter à son tour de profondes racines? L'épiscopat français ne pouvait accueillir qu'avec joie la création d'une école qui, sous la direction de maîtres animés d'un tel esprit, deviendrait une pépinière de théologiens élevés à l'ombre du Saint-Siége, et pouvant par là-même puiser la doctrine aux meilleures sources. Ce n'est pas sans un dessein particulier de la Providence, toujours admirable dans ses voies, qu'une si haute mission a été associée à l'apostolat le plus obscur, comme pour marquer que l'humilité est la condition et la sauvegarde de la vraie science. Pendant que toutes ces choses s'accomplissaient ou se préparaient, celui qui en était l'âme se retranchait dans sa simplicité, recherchant de préférence les œuvres les plus communes, inspirant à ses frères la charité envers les ouvriers, les pauvres, les orphelins, et répétant dans le travail comme dans la souffrance ces paroles qui ont été la devise de sa vie : *sive vivimus, sive morimur, Domini sumus et Mariæ.*

Il ne nous appartient pas, Mes Frères, de prévenir le jugement définitif de l'Eglise sur de telles vertus. Mais, s'il m'était permis d'exprimer mon vœu, au moment où cette grande cause va s'ouvrir devant le tribunal suprême du Vicaire de Jésus-Christ, je dirais : Achevez votre œuvre, Très-Saint Père. Donnez aux tribus dispersées d'Israël un protecteur sorti de leur sein, revenu de leurs égarements, afin que cette douce et sereine figure parle à leurs cœurs endurcis, et qu'à l'exemple de Judas Machabée, elles voient apparaître sur nos autels, comme un autre Onias, cet homme bon et bienveillant, *virum bonum et benignum*, à l'aspect vénérable, *verecundum visu*, modeste en ses mœurs, *modestum moribus*, au langage persuasif, *eloquio decorum*, étendant ses mains et priant pour tout le peuple des Juifs, *manus protendentem et orantem pro omni populo Judæorum* (1).

Donnez un protecteur à l'Afrique infidèle, à la race infortunée de Cham, afin qu'après un long esclavage, elle entre en possession de la liberté chrétienne, qu'elle vienne prendre sa place parmi les enfants de la sainte Eglise, et que l'on puisse redire dans les siècles futurs avec l'accent de l'admiration et de la reconnaissance : « Le Seigneur a opéré des merveilles dans la terre de Cham : » *Fecit mirabilia in terra Cham* (2).

Donnez une consolation et un nouveau patronage à l'Alsace catholique, dont le Pasteur vénéré est venu célébrer avec nous la mémoire de celui qu'il avait eu le mérite d'introduire dans le sanctuaire, afin qu'au milieu de ses afflictions, ce noble pays sente redoubler sa confiance, en voyant l'un de ses fils prier,

(1) II Machabées, XV, 12.
(2) Ps. CV, 22.

comme Esther, pour le peuple et pour la patrie : *pro populo et patria sua* (1).

Donnez un nouveau gage d'affection et de sollicitude à cette congrégation naissante, la dernière venue des grandes familles religieuses, et qui, déjà, en si peu de temps, s'est dilatée d'une extrémité de la terre à l'autre, afin que la bénédiction du père vienne affermir les établissements des fils : *benedictio patris confirmat domos filiorum* (2).

A nous, Mes Frères, de hâter par nos prières l'accomplissement de ces vœux. C'était la pensée du digne successeur du Père Libermann et de sa pieuse communauté, en ces jours de supplications et d'actions de grâces. Mais le but qu'ils se proposaient avant tout, c'était l'édification du peuple chrétien. Devant une telle vie, comment ne pas comprendre qu'il s'agit pour nous tous de suivre fidèlement la voie que Dieu nous a marquée, l'œil fixé sur le terme où nous devons aboutir, et sans nous laisser détourner de notre chemin par aucun obstacle : *fortitudo simplicis, via Domini*. Dans ce siècle où les hommes sont aussi infimes que leurs œuvres, quelle joie de pouvoir reposer son regard sur ces âmes simples et droites qui ont cherché toute leur force en Dieu et laissé après elle des établissements d'autant plus durables que l'origine en est moins connue! Là où échouent les grands de la terre, avides qu'ils sont de bruit et d'éclat, ces petits selon le monde réussissent dans le silence et dans l'obscurité. C'est le règne de la grâce qui s'étend et se

---

(1) Esther, xv, 1.
(2) Eccli., III, 11.

développe à travers le monde de la nature avec une puissance invincible. Les hommes ont beau le contrarier par leurs entreprises d'un jour, par leurs attaques qui ne tiennent pas : leur influence passe ; l'action des saints demeure. A travers tout ce pêle-mêle d'événements qui attirent tant l'attention et qui la méritent si peu, Dieu fait son œuvre, l'Eglise poursuit sa mission, les âmes se sanctifient, le livre des élus se remplit d'heure en heure, les destinées éternelles de l'humanité se préparent : c'est le sens de l'histoire, telle qu'elle nous apparaît dans la vie des serviteurs de Dieu, comme une lumière, une espérance et une force !

Angers, E. Barassé, imprimeur de Mgr l'Évêque et du Clergé.

www.ingramcontent.com/pod-product-compliance
Ingram Content Group UK Ltd.
Pitfield, Milton Keynes, MK11 3LW, UK
UKHW020406250726
13967UKWH00006B/2500